# 一起发现

# 昆虫

第三辑

少年科学画报/编著

北京出版集团
北京出版社

图书在版编目（CIP）数据

一起发现. 昆虫. 第三辑 / 少年科学画报编著. —北京：北京出版社，2023.3

ISBN 978-7-200-17763-3

I. ①一… II. ①少… III. ①科学知识 — 少儿读物②昆虫 — 少儿读物 IV. ① Z228. 1② Q96-49

中国国家版本馆 CIP 数据核字（2023）第 006797 号

**一起发现 昆虫 第三辑**

YIQI FAXIAN KUNCHONG DI-SAN JI

编　　著：少年科学画报
出　　版：北京出版集团
　　　　　北京出版社
地　　址：北京北三环中路 6 号
邮政编码：100120
网　　址：www.bph.com.cn
发　　行：北京出版集团
经　　销：新华书店
印　　刷：北京华联印刷有限公司
成品尺寸：210 毫米 ×275 毫米
印　　张：6 印张
字　　数：50 千字
版　　次：2023 年 3 月第 1 版
印　　次：2023 年 3 月第 1 次印刷
书　　号：ISBN 978-7-200-17763-3
定　　价：30.00 元
如有印装质量问题，由本社负责调换
质量监督电话：010-58572393

# 序言

在自然界中,虫子会依靠保护色和拟态来欺骗对方,保护自己。当我们第一次见到或听说这些现象时,会感到新奇古怪,甚至有些匪夷所思。但实际上,这并非是什么个别的现象。无处不在的虫子,用自己小小的身体,将这类“假货广告”带到我们身边的很多地方,有时甚至让你有一种“铺天盖地”却又“视而不见”的感觉。

绿色的虫子,能很容易地将自己隐藏在树叶和嫩枝上;褐色的个体,可以不被察觉地消失在树皮和枝干的表面;有时,它们还在纯色的体表上点缀一些深浅不一的条纹斑点,这样一来,就更能融合到环境中,淡化自己的外形,模糊敌人的视线。

这些类似迷彩服的体色,主要是为了利用敌人视觉上的不足隐藏自己。隐藏,是虫子们偏好这种特殊体色和细节的主要原因——隐藏好自己既能保护自身不受攻击,也能让自己在攻击其他种类的生物时掌握主动权,悄悄潜行。

经历了多次在野外寻找昆虫的精疲力竭以后,我们所有人都会被昆虫的适应能力所震惊,也会对它们策划并主演的这些“视觉游戏”肃然起敬。

# 目录

# 明星物种

**翡螽**

翡螽是拟叶螽科翡螽属的中型螽斯，体长约 20 至 30 毫米，常见于草丛、树叶间，头部锥形，全身通绿，善于伪装。停栖时，它将前足并拢，并且向头顶前方伸直，假装是叶柄；中后足和触角都被压在身体下面，掩藏起来。在如此装扮下，它简直就像一片完美的叶片，很难被发现了。

①
②

⑥

① 霜天蛾
② 缘蝽
③ 刺哑铃带钩蛾
④ 高粱舟蛾
⑤ 核桃美舟蛾
⑥ 叶䗛

# 拟态，让小昆虫变强大

唐志远

论隐藏，我可是高手！

叶䗛可以说是教科书级的终极拟态大师，它们白天静伏在叶片背面，晚上才出来活动

昆虫远没有我们想象的那么自在，它们时刻都生活在一个危机四伏的世界中，需要运用各种策略来保全自己。昆虫进化出令人眼花缭乱的拟态行为，弱者会更加低调，不让捕食者发现；而强者则希望更好地隐藏自己，随时准备伏击猎物。不管是强者还是弱者，掌握了拟态这项绝技，在大自然的博弈中就能更胜一筹。

动物与环境色彩浑然一体的体色被称为“保护色”，与环境高度融合的特殊体形与行为，则被称作“拟态”。其实这两者往往是密不可分的，最极致的拟态是“形状”和“颜色”的完美结合。昆虫的拟态理论是由英国博物学家贝茨在 1862 年提出的，英国进化生物学家费希尔将其称为“达尔文后，自然选择最重要的依据之一”。据目前的推论，昆虫的保护色与拟态最早出现在古生代石炭纪，自那时起，昆虫与捕食者、昆虫与植物之间开始出现了相互呼应的演化与博弈。

热带雨林是地球上物种最丰富的地方之一，也是昆虫爱好者的天堂。热带雨林气候温润潮湿，个体差异巨大的植物组成层次与结构复杂的群落，为不同类群、数量庞大的昆虫提供了多样的生存空间。为什么植被越好的地方昆虫越多呢？用蝴蝶举个例子：大多数蝴蝶的幼虫都很“挑食”，只吃单一种类的植物，那么显而易见，植物种类越多的地方，越有可能见到更多种类的蝴蝶。大多数昆虫亦是如此。

## 模拟环境，模拟强者，模拟有毒者

人们通常见到的昆虫拟态行为，可以大致分为两类：一类是模拟环境，一类是模拟其他生物。昆虫和植物密不可分，很多昆虫终生都生活在寄主植物上，它们努力让自己融入环境中。蝶蛾幼虫生活在绿色的植株上，所以大多数幼虫都是草绿色，而生活在枝干或落叶丛中的昆虫，则以黄褐色为主。昆虫除了拥有让人“视而不见”的隐身术之外，还可以互相模仿，甚至模仿其他生物，主要表现为弱者模拟强者，无毒生物模拟有毒生物，以及有毒生物之间相互模仿。

这类拟态从生物学角度被分为缪氏拟态和贝氏拟态。简单来说，缪氏拟态中的模仿者和被模仿者都是有毒不可食的，捕食者误食其一，以后二者都不会受到攻击。而贝氏拟态则是指无毒可食的种类模拟有毒不可食的种类，从而使自己得到保护。

模拟蜂的透翅蛾

拥有黄黑警戒色的天牛

黑带蚜蝇

胡蜂

举个简单的例子，人们常见的蜂类，腹部大多是黑底黄条纹，捕食者一看到黑底黄条纹就会觉得这是有螫刺的蜂，不会轻易去捕食，所以各种蜂类身上的黑底黄条纹，可以说是缪氏拟态。而正因为蜂类具有攻击性，它也成为其他昆虫竞相模仿的对象，那么所有无毒昆虫模拟蜂类的现象，就是贝氏拟态。模拟蜂类的昆虫非常多，有食蚜蝇、金龟、天牛、透翅蛾等，最常见的经典案例要数食蚜蝇。食蚜蝇很常见，它们喜欢在白天访花，但其实只要仔细观察就能分辨出它们与蜂类的区别。食蚜蝇是苍蝇的近亲，属于双翅目，只有两片翅膀，它的后翅已经蜕化成了非常短小的平衡棒。而蜂类属于膜翅目，它们都有四片翅膀。

更为完美的是贝氏拟态，昆虫们已经不再满足于本类群之间的互相模仿。比如很多种类的凤蝶幼虫在遇到袭击的时候，会把前胸部鼓成三角形，然后高高翘起身体，故意露出背部的假眼斑。如果进一步受到威胁，它还会从头部和身体的连接处伸出一条前端分叉的腺体。这样看起来就像是一条毒蛇昂起头吐着舌头，这一招足以吓跑很多掠食者。

这是一只愤怒的凤蝶幼虫。它抬起身体，鼓起前胸，伸出了散发怪异气味的“丫”状腺体，就像是一条吐着舌头的大头蛇

巨拟叶螽成虫体形巨大，是中国体形最大的螽斯。它们生活在树冠层，经常倒挂在层叠交错的叶片背面，很难被发现。雄性巨拟叶螽会摩擦翅膀发出类似鸟叫的尖厉声音来吸引异性

## 让自己像一片叶子，越像越安全

在昆虫生命最繁盛的夏季，放眼望去，山林里到处都是绿色，不管是枝条还是藤蔓上，到处都是叶片，那是大多数昆虫的食物和庇护所。这也是昆虫生命周期初始最重要的两个因素，所以昆虫们要想尽一切办法让自己完全融入这个环境中。简单地说，就是让自己像一片叶子，越像就会越安全。

除了个别喜爱树干或者潮湿岩壁的蚱和蜢，以及底栖的蟋蟀们，直翅目中生活在植物枝干或者叶片上的螽斯和蝗虫，大多是绿色的。我重点要说的是螽斯，听起来似乎很陌生，其实螽斯是蝗虫的近亲，它们看起来也很像蝗虫，只是蝗虫的触角比较短，而且有明显分节，螽斯细长的丝状触角比身体都要长很多。另外，我们还可以靠“尾巴”来区分它们：雌性螽斯腹部末端都有剑状的产卵器，而蝗虫没有。

虽然螽斯数量不少，可想要找到它们也没那么容易。当蝗虫在草丛里撒欢儿乱蹦的时候，当蟋蟀躲在草甸子下边欢快歌唱的时候，螽斯只是安静地趴在叶片上打盹儿，它们最擅长的就是一动不动地假装叶片。

如果是在草丛里乱蹚，你很容易就能发现惊慌失措、飞走跳开的螽斯。但打草惊“虫”这招不太好：被扰动逃走的螽斯不会很快恢复原有姿态，而且也离开了之前的地方，很难再被发现。真正的自然观察高手，总是能不动声色地发现这些伪装者。

其实，这并没有什么诀窍，除了日常经验的积累，还需要更多的耐心。静下心来蹲在草丛里仔细观察，这些喜欢伪装叶片的家伙总是会忍不住做些小动作，啃啃脚丫或者理理触角，此时我们就能发现并锁定目标了。

螽斯大多是拟态高手，它们对自己的伪装充满信心，所以只要动作不是太大，都可以顺利接近。如果你靠得很近，就会发现螽斯正用一只触角朝着你的方向探测，这说明它有点紧张。只要你保持不动，过不了一会儿，螽斯就会放松警惕，身体恢复到原来的舒展姿态。这时候你必须全神贯注，有时候扭头去看飞过的一只蝴蝶或者和朋友说句话，再转过头来就发现螽斯已经不见了！正准备捶胸顿足，却发现其实人家根本没动过地方！

我们常见的螽斯，比如日本条螽还保持着细长苗条的“柳叶”般身段，它们覆盖身体的前翅刻画着精致的叶脉图案。有些螽斯为了模拟“阔叶”，牺牲了苗条的身段，比如中华似褶缘螽，它的身体更加粗壮，包裹身体的前翅也更加宽大，整个体形看起来，中间粗两头尖，比日本条螽更像一片标准的树叶。但只要仔细观察还是能够找到它们，因为长长的丝状触角和无处安放的六足都是明显的破绽。

螽斯界堪称完美的拟叶大师是翡螽。翡螽低调而内敛，它总是不动声色地以不变应万变。前文提到的日本条螽和中华似褶缘螽代表了大多数的螽斯，从它们身体的一侧看，才像叶子。而翡螽几乎是全方位无死角地模拟叶子，前翅上精致的叶脉纹路就不用说了，它还会把中后足藏在身下，前足并拢伸直假装叶柄。更厉害的是，它居然还会把容易暴露自己的长触角折回来压到身下。这样一来，翡螽真的是毫无破绽了，只要选对地方，它就可以安心地在叶片上休息。

翡螽

叶䗛，又称叶子虫，有些种类的叶䗛甚至可以模拟出虫子啃食的痕迹，有一次我甚至见到一只叶䗛腹部边缘真的被虫子啃出缺口，看来它伪装得太成功了

叶䗛这个名字大多数人听起来很陌生吧，其实它和竹节虫是亲戚，都属于竹节虫目，竹节虫目也可以叫䗛目。长得像叶子的叫叶䗛，而长得像一根光杆的竹节虫也叫作杆䗛。

叶䗛是伪装高手，而且它们只在晚上出来活动，我寻找了十多年一直没有收获。有一些朋友偶然找到，都是通过灯光诱虫的方式获取，也就是利用昆虫的趋光性来捕捉昆虫。叶䗛也有趋光性，但是一般被诱来的都是雄性叶䗛，它们体形细长，可以飞行较远距离。而大腹便便的雌性叶䗛行动能力差，更不善飞行，所以也不会靠近光源，只能靠肉眼去找。雌性叶䗛的体形更宽，能够更完美地模拟树叶。所以我一直都想找到一只完美的雌性叶䗛。

在海南尖峰岭拍摄时，我在同一条山路上连续搜寻了好几个晚上都没有收获。之前查到的资料说叶䗛多见于小灌木上，所以我一直都在低头寻找。一直到凌晨两点多，在返程的路上我决定留意一下大树。不远处就有一棵巨大的海南白椎树，这种树的叶子比较小，而且叶片很密，找起来特别费劲。我用手电筒从上往下慢慢扫射，突然发现了一片不太一样的“树叶”，它的颜色明显比其他叶子浅，那片“叶子”的高度在四五米米的位置，我用长焦镜头拍了一张照片，然后通过照相机液晶屏放大查看，居然真的是叶䗛，终于找到了！

我刚拍了两张照片，叶䗛的身体突然翻转了一下，就消失不见了，我盯着那个地方足足看了五分钟，才又找到了它。原来，海南白椎树叶子两面颜色不同，正面是深绿色，背面是浅绿色，叶䗛为了更好地模拟海南白椎树叶，它身体腹背两面颜色和树叶的一样。我刚发现的时候，叶䗛爬到树叶上取食，浅绿色的后背出现在深绿色的叶子上，一下子就暴露了。受到惊扰后，叶䗛反转身体藏到了叶子背面，这时候它身体的腹背两面的颜色和树叶的颜色保持一致，自然就“消失不见”了。

叶䗛真是太厉害了，不但可以模拟出叶子的形状，还能模拟出叶子正反面的颜色和质感，拟态水平可以说是登峰造极。

## 伪装成地衣，身上长满"苔藓"

前些年我在海南的原始森林里拍摄，擅长模拟成地衣的那大石纹螳是我寻找的主要目标。雨林里湿度较大，树干上长满了地衣和苔藓。我几乎每棵树都要找找，但是一直没什么收获。有一次，我走得有点累了，便靠着一棵大树休息。仔细观察这棵树，树干上只长了很薄的一层地衣，之前我一直认为地衣这么薄不利于那大石纹螳躲藏，所以都是找那种地衣很茂盛的树干。突然，余光里好像看到有什么东西贴着树皮快速移动了一下，我慢慢扭过头一看，居然是一只那大石纹螳，真是得来全不费工夫。

我靠近仔细观察这只那大石纹螳，它从头到脚，一身灰白色迷彩套装，上面还隐约分布着几道浅褐色纹路，身体扁平。当它平趴在树干上时，立即和地衣融为一体，变成了树皮的一部分。连它的眼睛上，都画上了灰白条纹，真是伪装到眼睛的"刺客"！

可能我的动作稍微有点大，它一下子就跑没影了。那大石纹螳特别擅长贴着树皮横向移动，等我绕到树后面，它又快速平移到前面，好像故意和我玩儿捉迷藏的游戏。这时候我才明白，那大石纹螳选择这种地衣不是很茂盛的地方，就是为了让自己可以在光滑的树干上快速移动。

那大石纹螳

我们通常见到的竹节虫都是光溜溜的，但有一种龙竹节虫身上长满了棘刺，我起初是在一本《珍稀昆虫图鉴》里见过这类竹节虫，书上介绍它们多生活在蕨类植物上。有一次，在广西夜探时，我在几株蕨类植物上发现了好几只龙竹节虫，要么是在交配，要么就在大口咀嚼着蕨叶。我打着手电筒看了半天，总觉得这些浑身长满棘刺的家伙和蕨叶一点也不像，这伪装可真是有点失败呢。

第二天白天，故地重游，我翻遍了这几株蕨类植物，竟然一无所获。竹节虫都去哪儿了？经过一番地毯式搜寻，我终于找到了它们。原来，这些“刺客”白天躲藏在蕨类植物下面的苔藓丛里，夜深人静的时候才出来，爬上蕨叶用餐。这时候再仔细看它们身上的配色和花纹，我才恍然大悟，这不就是一身“苔藓装”吗？！

竹节虫的种类很多，各种竹节虫的寄主植物也不相同，它们可以模拟出各自寄主植物枝条的色彩和质感。照片里吃蕨类植物的龙竹节虫白天会隐藏在地表面的苔藓丛中，晚上才爬上蕨类植物取食

傅氏棘卒螽，名字听起来就有点扎手

前文提到的模拟叶片的螽斯，除了能够模拟叶片，它们在模拟苔藓方面也是顶级高手。有一次傍晚，我沿着山谷里一条溪流前行，这里地势较低，湿度很大，溪流边的树木上长满了各种苔藓和蕨类，就像是被人精心装饰过的雨林缸作品。我停下来，准备拍摄。天色渐暗，我打开手电筒补光，正在对焦的时候，发现苔藓动了一下！我很确定，因为灯光照射下产生的浓重阴影非常明显，我凑过去仔细查看，居然是一只傅氏棘卒螽。它身穿一件苔藓迷彩外衣，前胸背板和腿节上精心装饰着粗细长短不一的棘刺，这让它完美地融入苔藓环境中，怪不得我半天都没看见它。

正在我感叹之时，突然发现边上又有黑影动了一下，难道还有一只？可我记得那个位置是一小片地衣。顺着光线看过去，真有一只！但它完全不像先前那只穿着苔藓迷彩外衣，而是身穿一件“地衣外衣”，感觉更简单清爽一些。

现在最让我惊讶的反倒不是它们的伪装，而是它们怎么能这么清楚地知道自己该待在哪里，丝毫不越雷池半步呢？

一只光溜溜的竹节虫爬在一根和它体色、质感一模一样的枝条上。受到威胁时，竹节虫会不停地左右摇晃身体，模拟枝条被风吹动摇晃的样子来迷惑天敌

## 一动不动，专心模拟树枝

竹节虫是拟态非常完美的昆虫，在南方比较常见。为了让自己看起来像一根枯枝，它们舍弃了华丽的装饰和曼妙的身段，只是低调地去假装一根树枝。

在白天，竹节虫大部分时间都一动不动地倒吊在叶片或者枝条的下面，想要找到它们非常困难。到了晚上，竹节虫会爬出来吃树叶，这时候就比较容易发现它们了。所以同一条路，白天走可能一无所获，到了晚上路边的植物上挂满了各种竹节虫，真的让人惊喜又意外。

因为各种竹节虫的寄主植物不同，为了模拟不同寄主植物的枝条，竹节虫的外观也是多种多样的。竹节虫对自己的拟态非常自信，它总是向前伸展并拢两条前足，让中足和后足紧贴身体，一动不动地专心模拟树枝。

如果感觉进一步受到威胁，竹节虫还有两招逃生大法。第一招是六足一缩，直接掉到地上装死。如果第一招失败，被捕食者咬住一条腿，竹节虫还会轻松断腿逃生，少一条腿没关系，毕竟小命保住了。

所以，我经常在野外看到缺腿的竹节虫，看到过最惨的一只竹节虫只剩下两条腿。不过也不用太担心，蜕几次皮之后，竹节虫就能长出新腿了。差点忘了说，有些有翅竹节虫在受到惊吓的时候，会突然打开翅膀吓唬天敌。我曾经见过几种很有趣的小翅型竹节虫，身体十分巨大，但是翅膀又特别小，突然打开的时候真是滑稽又可爱。

论模拟树枝，虽然竹节虫很厉害，但个中高手还是尺蛾科的幼虫，也叫尺蠖。尺蠖才是模拟树枝的专家，它为了让自己更像树枝可是做出了不小的牺牲。一般的蝶蛾幼虫，通常都有三对胸足、五对腹足，爬行起来速度很快，而尺蠖幼虫为了模拟树枝，三对非常细小的胸足紧紧收拢在胸前，腹足只有两对，长在身体末端。只有头尾两端有腿的尺蠖，在爬动的时候，每走一步都要拱起身体，就像一座小拱桥，所以尺蠖又名造桥虫。

桑尺蠖

尺蠖平时就用两对腹足抓住植物枝条，看起来和植物连接得非常自然，不同种类的尺蠖还能完美地模拟各种植物的颜色和质感。有一次，我好不容易找到一只尺蠖，正要拍摄，突然一只蚂蚱跳到了尺蠖身上，它以为尺蠖是树枝，就紧紧地抱着。尺蠖有点紧张，估计全身都在发痒，但还是继续假装树枝。蚂蚱趴在尺蠖身上也不老实，腿还乱动，最后尺蠖终于受不了了，装死掉在了地上。

这可不行啊，我还没拍好呢，得把它找回来。我低头一看，好家伙，满地都是这种小树枝，这怎么找啊？我只好蹲在地上，一根一根地拿起来轻轻捏，最后总算捏到了一根软“树枝”，才把它找了回来。

蚂蚱在慌乱间总是随意起跳，并不能控制落点，这只棉蝗若虫在下落过程中成功地抱住了一根“树枝”。棉蝗一定觉得很奇怪，这“树枝”怎么软乎乎的？而假装树枝的尺蠖也只能继续保持不动，只盼着棉蝗快点离开

## 让自己变成一片不起眼的“枯叶”

走在山路上，一只大蝴蝶从我身边一闪而过，我甚至可以听见它扑扇翅膀的声音。我追过去，发现它不停地绕着一丛灌木打转。它飞得很快，隐约能看到翅膀上有蓝色和橘黄色的斑块，在阳光下闪耀出梦幻般的金属光泽。

我正想凑上前去看个究竟，大蝴蝶突然飞入灌丛没了踪影。我找了半天也没找到，正有些失望，这家伙又突然出现了，居然在我面前来了个“大变活蝶”。没等我回过神来，它转了几圈又消失了，这回我可要仔细找找看了。

没有风，一片“枯叶”却不自然地颤动着——原来，这就是传说中的“枯叶蛱蝶”，它正“讲述”着昆虫界最著名的拟态案例。它停落的时候闭合翅膀，藏起了翅背面艳丽的色彩，让自己变成了一片不起眼的枯叶。

枯叶蛱蝶并非要等到秋叶枯黄才露面，它们喜欢在林地边缘活动。千万不要想着去寻找停落着的枯叶蛱蝶，那几乎是不可能完成的任务。只要留意那些飞起来、看到翅膀有明显蓝色和橘黄色斑块的蝴蝶，一般都不会错。在植被繁茂的林地边缘，枯叶蛱蝶通常不会长距离飞行，它会不时地停落休息，或者找寻植物产卵。用视线追踪蝴蝶的飞行轨迹，一旦停落，我们就能锁定目标慢慢靠近了。

枯叶蛱蝶闭合了翅膀，藏起了艳丽的翅正面，让自己变成了一片不起眼的“枯叶”

枯叶蛱蝶扑扇着斑斓的翅膀快速飞过树丛，在空中盘旋了两圈后停落在一根树枝上休息。它慢慢打开翅膀，黄蓝相间的斑块在阳光照射下闪耀出金属般的光泽

核桃美舟蛾是最经典的裸眼 3D 效果模拟大师。它靠翅膀上鳞片色彩的巧妙搭配，模拟出干枯叶卷儿的效果，让人叹为观止

繁茂的植物是植食性昆虫赖以生存的家园，同样也是捕食性昆虫的狩猎场，满眼葱郁的绿色给人一种美好平和的感觉，但这里，也是危机四伏的杀戮战场。而一小丛干透了、打着卷儿的棕灰色枯叶，似乎是那么不起眼，没有一丝生命的气息，看起来也就更加安全。这不，一只壮硕的缘蝽正趴在枯枝上晒太阳，如果它会闭眼，此时一定在闭目养神。只要它保持不动，包括我在内或者是其他更厉害的天敌几乎都发现不了它的存在——它已经完全变成了挂在干瘪枝条上的枯叶。

这只大型缘蝽有着夸张的前胸背板，后足胫节也特化成叶片状，再加上棕黄色的身体，可以让它完美地融入枯枝落叶中

不远处的芭蕉上，有一片断叶正在逐渐枯萎，叶缘开始褶皱卷曲，水塘边飞过来一只蜻蜓，想要在这里稍事休息，没想到这一小片枯叶突然翻卷上来，蜻蜓一个急速侧飞逃过了致命一击。失手的“枯叶”故作镇静地开始清理身体，原来这是一只中南拟睫螳。这次捕猎虽然失败了，但是凭借着这么完美的拟态，只要守着这片“毫无生机”的芭蕉叶，会有源源不断的猎物送上门吧。

中南拟睫螳是一种全身呈棕色的大型螳螂，凭借完美的伪装伏击猎物，前胸背板和腹部扩展成叶片状，颜色和形状像极了枯叶。不仅如此，它们还经常倒挂在枝条上，模拟枯叶低垂的样子

## 模拟鸟粪，躲避天敌

模拟鸟粪，是不是可以算得上最卑微的拟态方式？前面我们介绍的模拟各种嫩叶、枯叶、树枝、树皮、苔藓和地衣等，好像还可以接受，但是模拟鸟粪是不是有点太重口味了？

其实在自然界，模拟鸟粪的生物非常多，除了昆虫和蜘蛛之外，有一些蛙类的幼体也会模拟鸟粪。可是，这些家伙为什么要去模拟鸟粪，而不是其他动物的粪便呢？

我认为首先鸟粪比较常见，而且一些林鸟经常会站在高枝上排泄，粪便就会落在叶片上，经过风吹日晒，鸟粪被干燥定型留在了叶片上，可以保持很长一段时间。而那些被排在地面上的动物粪便，会很快被各种生物分解掉，并不会长时间的存在。假如一种生物去模拟地面上的某种粪便，估计经常会看到它独立而完整地在林地里活动，是不是有点太显眼了呢？

所以，昆虫们会去模拟大量出现并且长期存在的鸟粪，而不会模拟稍纵即逝的其他粪便。而且鸟粪里除了消化剩余的代谢废物，还有白色的尿酸，在视觉上鸟粪的辨识度很高，远远就能被认出来。高辨识度同样也是被选择成为模拟对象的重要条件，远距离识别出是鸟粪，天敌就不会继续靠近。我在野外也经常被真真假假的鸟粪欺骗，经常不小心吓跑一只假“鸟粪”，然后小心翼翼地匍匐接近一坨真鸟粪……

蓝凤蝶幼虫像大多数凤蝶幼虫一样，四龄（左侧）和四龄前都是鸟粪的样子，到了五龄（右侧）才会蜕变成绿色刺哑铃带钩蛾翅面上的神奇图案，高粱舟蛾模拟被火灼烧过的秸秆，白斑眼蝶幼虫就像一片飘落而下的竹叶，甚至还点缀着一些霉菌……这些在我看来都太不可思议了！那么，这些擅长隐藏的昆虫眼中的世界到底是怎样的？又是怎么经过时间的长河进化出如此让人叹为观止的样貌？虽然很多科学家都认为拟态不过是生物的本能，甚至是人们的过度猜想，但我更愿意相信，拟态是生物在自然界中经历种种考验得以练就的超级生存技能。

白斑眼蝶幼虫以竹叶为食，整个幼虫期都生活在竹叶上，所以它必须极尽所能地去模拟竹叶。最为有趣的是，白斑眼蝶幼虫会“变色”，在夏季是绿色的

在秋季，竹叶开始变黄掉落，末龄的白斑眼蝶幼虫也蜕变成一片有些卷曲、甚至长了一些霉斑的“枯竹叶”

刺哑铃带钩蛾的身体鲜黄，就像一股热乎乎的鸟粪刚从空中落下，在后翅上溅开了一朵“美丽的粪花”。前翅花纹则像两只红头苍蝇正逐臭而来。整个画面就仿佛是模拟“两只苍蝇在吃小鸟便便”的场景

走在繁茂的山林里，我最爱的就是与这些小家伙的“捉迷藏”游戏，一小片苔藓，一根枯枝或者是一丛枯叶，都会吸引我驻足观看。我也许什么都看不到，但我能感觉到它们就在某处看着我，等着被我发现。人们总说快来看看这个神奇的大自然吧，我倒觉得，“看不见”的自然更神奇。

当第一次在烧过的秸秆堆里看到高粱舟蛾的时候，我真的惊呆了，它居然可以把一小节烧过的秸秆模拟得这么完美

# 浑身是谜"拐棍糖"

唐志远

昨夜还鲜衣怒马的两位"拐棍糖宝宝"(天蛾幼虫),今朝却换上了"乞丐装",这审美实在难懂!请仔细看一看,你能找到它吗?

没错，就在
这儿！

位于中国科学院西双版纳热带植物园东区的绿石林风景区，是典型的喀斯特地貌，下面是石林，上面是遮天蔽日的热带雨林。独特的环境，孕育了很多新奇的生物。

我曾在夏夜到访，记忆非常恐怖：闷热难耐，感觉呼吸都变得很困难，几乎要晕倒，走出来时全身衣服被汗湿透……这回赶在冬天来，再次夜探绿石林时，感觉就好多了，温度适宜，空气干燥，舒舒服服就拍摄到了坡普竹叶青、小头蛇、绿瘦蛇等几种蛇，还有几种树蛙，以及 30 多种奇怪的蜘蛛，甚至撞上一只传说中的红原鸡！

但更大的惊喜还在后头。目送红原鸡遁入灌丛后，我刚要把手电筒的光移回来，就在栈道边一株近在咫尺的植物上，发现了一条手指头长的漂亮大肉虫！

它正趴在枝头大吃叶片，体侧是绿白相间的斜纹，身后还拖着一条长长的“尾角”——这是天蛾幼虫（鳞翅目天蛾科）的重要鉴别特征。

我最喜欢天蛾幼虫了，此刻心里激动极了。出自本能地摘下背包，放下照相机，左手一撑，跳过栈道护栏，稳稳地落到这小宝贝跟前。

我拿起枝条，轻轻反转，这才看到了它的背部：从头至尾排列着锥形的黄色荧光斑块，从体侧延伸过来的白色条斑还描了精致的淡蓝色镶边，简直太惊艳了！这时它受到惊吓，立起上半身，并将脑袋向下卷曲，一下子变成了一根“彩虹拐棍糖”，让我恨不得把它吃掉。

继续搜索这棵植物，一共找到五根“拐棍糖”。国内几乎没有天蛾幼虫的图鉴，所以想知道它们的种类，就必须要养出成虫才行。我对着眼前这么大块头的“拐棍糖”看了又看，猜测它应该已经是末龄幼虫，用不了多久就该化蛹了，于是决定带走其中两条回去饲养。我找出一个塑料袋，摘了些新鲜叶片，然后捉了两条最大的幼虫放进去。最后我又从这棵植物上掰下两根枯枝，在塑料袋里把叶片撑起来，让它俩方便取食。

它们实在太可爱了，我好几年都没有体验过那种满足感了。晚上回到住处，可能是因为太兴奋，入睡时听着它们在袋子里弄出的声响，一点也不觉得吵闹，反而是那么悦耳……不知过了多久，我竟在噩梦中惊醒：梦到虫子不见了，我翻箱倒柜到处找都没找到，急出了一身汗！

一睁眼，我顾不得上厕所就飞身下床去看它们。打开袋子，我真的傻了眼：叶子被吃得精光，虫子也不见了，只留下那几段枯枝。噩梦竟然变成了现实！

我开始一边自责，一边疯狂翻找……突然，袋子里又发出些微声响。打开一看，我再次被惊呆了：昨晚我放进去两根枯枝，现在里面却有四根，之前却没注意到多出来两根！

原来“拐棍糖”并不是末龄幼虫，现在这两根缓慢蠕动的“枯枝”才是末龄！也就是说，昨天晚上它们经历了一次蜕皮，升了“一级”，蜕下的漂亮“糖”皮估计已经被它们吃了。

捧着“枯枝”，我热泪盈眶，词穷得只能说出那句——大自然真的太神奇了！

当晚，我又去绿石林故地，发现剩下的三根“拐棍糖”也都不见了。按说即使变成“枯枝”，凭我的眼力也能找到呀。然而足足找了半小时，也没有任何发现。于是，我只好请出袋子里的那两根“枯枝”，打算摆拍几张照片，结果刚把它俩放到长满地衣苔藓的枯枝上，两个小家伙马上就“消失”了……完美！

## 长鼻钥匙环，传说中的“猴子脸”？

我特别想马上知道这么神奇的天蛾幼虫是“谁家的”，试着询问中国科学院西双版纳热带植物园的“虫友”。问了一圈，大家看过照片无一不发出惊叹，甚至不相信“拐棍糖”和“枯枝”是同一条虫，反问我是不是搞错了。看来想满足好奇心，只能耐心等待了。我又采了更多的叶子，决定把这两根“枯枝”带回北京饲养。

回到北京没几天，幼虫就变成粉色，不再进食，短粗的身体来回扭动，看来马上就要化蛹了。我找来一个盒子装上潮湿的土，幼虫入盒后很快就钻到土里不见了。半个月后我去查看，发现那盒子忘了盖盖儿，土已经干透了，看来我的宝贝儿凶多吉少……

我轻轻拨开表层的土，触碰到一块板结的土层，用食指轻轻一摁，土壳破裂，露出一个深褐色的圆环，还在不停地摆动，把我吓了一跳！原来这硬土层是天蛾幼虫建造的蛹室。轻轻扩大蛹室的缺口，一枚完整的“怪胎”蛹呈现在我面前：整个蛹足有八厘米长，头顶盘卷着一个巨大的圆圈，像是超长的鼻子，又像工艺品钥匙环。

我之前见过白薯天蛾的蛹，它较为常见，也有个“长鼻子”——用来安放成虫的虹吸式口器。白薯天蛾成虫拥有天蛾类中超长的口器，而我手中这个怪蛹的“鼻子”，比白薯天蛾蛹的还要长！

我把怪蛹照片发给钟爱蛾类的朋友看，经过一番查证，猜测它很可能是国内口器最长的“猿面天蛾”！这种天蛾成虫不算罕见，但幼虫和蛹几乎没人见过。我拍摄的幼虫和怪蛹，很可能是国内第一笔记录呢！

真是太惊喜了，这虫子真是从头怪到尾啊！后来，它用了十多天时间化蛹，蛹壳开始变硬。考虑到大型天蛾蛹期通常在半个月左右，但如果有越冬情况就不好说了，所以我一定要小心呵护，期待它早日羽化，揭晓答案。

# 给树叶“把脉”

唐志远

冬天的中国科学院西双版纳热带植物园，还是一派繁花似锦，生机盎然的景象。对于爱找虫子的我来说，尽管醒目的“大虫子”没有夏季多，但“小虫子”还是不少的——这才是真正考验眼力的时候呢。

上午 10 点多，天还是阴沉沉的，我打着手电筒搜寻叶片下面隐藏的小虫。快到中午时，太阳一下子钻出来，感觉瞬间夏天降临。西双版纳的冬天很神奇：几乎每天上午都是阴天，气温也就 20 摄氏度左右；到中午，云层散开太阳才会露面，温度短时间内就会飙升到 30 摄氏度。强光照射叶片，形成强烈的逆光，手电筒已经不起什么作用了。我只好关上电源，搜寻逆光下的剪影。

翠蛱蝶幼虫

翠蛱蝶幼虫的满身棘刺，实际上只是虚张声势，远没有“洋辣子”那般强的毒性，我觉得顶多会让小鸟感觉喉咙有点痒

头顶黑影一闪，一只享受日光浴的丽蛱蝶从芒果叶片上起飞，只留下树叶还在微微颤动。逆光下，这几片叶子满目斑驳，没有半点新鲜的啃咬痕迹。我的视线已经离开，但直觉感到：好像哪里不对劲。忍不住转回目光寻找疑点——原来在芒果叶片的两条横脉之间，多出了半截“叶脉”。它并没有连接到主脉上，就这么四六不靠地“悬空”摆着，着实有点突兀。我把叶子翻转过来，顺光看，这才发现叶背上有一只翠蛱蝶幼虫。它周身长着一圈儿长长的羽毛状棘刺，大部分呈现半透明的翠绿色，还有少量颜色深些。逆光下，这些紧贴在叶片上的细刺几乎消失不见，只显现出深色“主枝”的轮廓。而幼虫后背正中那条黄色长斑，简直和叶脉一模一样，如果它刚好趴在叶脉上，不论顺光逆光，一定能瞬间“消失”。

等到末龄的时候，大个儿的翠蛱蝶幼虫就会爬到芒果树叶的正面，趴在长条形叶片的正中间——背上那条粗黄线刚好可以“拼接”在树叶的主脉上，真是个聪明的小家伙。

# 观察近距离

记得小时候，虽然总是遭到大人们的阻止，但还是愿意到一些“神秘地点”进行自己的探索：阴暗潮湿、布满苔藓的古城墙；树影摇曳、绿草殷殷的街心花园；流水潺潺、阳光炙烤下的水渠，无一不是我们的目标。那些随时都会出现在我们眼前，让我们大惊失色的昆虫，才是这些“神秘地点”最吸引我们，并让我们愈发感到“神秘”的真正原因。

随着“神秘地点”不断地被开发，我们捕获的昆虫越来越多，大人们能告诉我们的却越来越少了……于是，我们开始了自己的近距离观察和研究……

# 紫外灯下找“柳幼”

唐志远

柳紫闪蛱蝶

没错，它就是史上最难找的崽——柳紫闪蛱蝶幼虫，我习惯亲切地叫它“柳幼”。“柳幼”的隐身功力有多强？这么说吧，在现场，每次只要把视线移开，就要再花上几分钟重新找一遍，甚至要对照着手机刚拍的照片，根据树皮纹理锁定范围，才能再次找到。

夏末，有朋友发来一张“柳幼”照片，问我是什么，我这才想起已有十几年没见过它了。此后我一见到柳树，就会拉起枝条，仔细搜寻叶片，想再次见到这种蝴蝶幼虫。可一直从夏末找到秋末，柳叶都快掉光了，我也仅仅找到了一些痕迹：几处叶片上的丝垫，以及两个已羽化的蛹壳。

要知道我“巡查”过的柳树特别多，我家附近围着湖的一大圈儿柳树都被找过。无奈现在防虫工作做得特别好，柳叶上几乎看不到咬痕，树多虫少，找起来就像是大海捞针。而且柳叶细密繁杂，“柳幼”也是个绿色的细长条，更是难上加难。

越冬的柳紫闪蛱蝶幼虫

不知不觉冬天来了，柳叶掉光——你可能想不到，这才是寻找“柳幼”的最好时机。此时的“柳幼”，早就离开树叶，顺着柳条爬到了树干上。它们将会在树干上越冬，等来年柳树发芽，再爬回枝条。

于是，那个夏天里拽着柳条“沉思”的我，冬天里又变成了盯着树干“发呆”的人，而且每棵树都要转着圈儿地发呆，这引起了公园保安的警惕。

又累计找了上百棵树，我还是一无所获，看来轻敌了。夏天，绿色虫子隐藏在绿叶上不好找；冬天，人家肯定也会变成棕色藏在树皮间。终于，我对自己的肉眼丧失了信心，决定采用科技手段降低难度。很多昆虫都能反射紫外光，我决定夜晚用紫外线手电筒碰碰运气。

夜晚的公园非常幽静，路灯只剩零星几盏，远方不时传来阵阵狗吠。保安休息了，身边有朋友作伴，我们开始搜寻第一棵柳树。这棵树不大，也就三米来高。我掏出紫外线手电筒开始扫描树干，从我视线往上一点点，一下子就看到了一个有点发白的小虫子。开始还不敢确定，我踮起脚尖凑近，就看到它似乎顶着两个小犄角。我又用手轻轻摸了摸，有点软。

“找到啦！终于找到啦！”我激动地和朋友抱在一起，跳了起来！这画面若放在白天，肯定又会招来保安。待心情平复了，也确认没有保安冲过来了，我才仔细打量它：小家伙不到一厘米长，比我预想的要小很多；它瘦小的身躯藏在树皮缝隙间，身体颜色也和树皮完美融合。

后来，我们在旁边几棵柳树上又有所发现，并逐渐摸索出一点儿规律。大多数“柳幼”都在高一米半左右的位置，并且全部都会选择树干的东南侧——这里不但背风，而且光照时间最长。冬天里暖和比什么都重要，小家伙们太聪明了。了解了柳紫闪蛱蝶幼虫越冬的这些习性，此后我在白天也试着找了找，还真成功了。

# 你的天空为何不蓝

唐志远

钩蛾选择较高处的芭蕉叶背面停歇，在逆光加持下，即便近在咫尺也很难发现。用手电筒打“顺光”，就能瞬间把它打回“原形”

冬日的中国科学院西双版纳热带植物园，大虫子不太多，但只要细心观察，还是有很多小可爱现身的。这不，我在一片芭蕉叶下面找到了一小群香蕉冠网蝽。它们大小只有三毫米，翅膀却能闪耀出彩虹的光芒，好看极了！

但这些小家伙胆子很小，每次翻转叶片，它们都会聚集到叶片和主脉的夹角里躲藏，很难拍到。我只好等它们放松警惕回到叶片开阔处后，再翻转叶片拍摄。就这样来来回回翻了十几次，最后网蝽们不堪折腾，拍拍翅膀都飞走了。

不甘心的我顺着叶片主脉继续搜寻，还想要找到漏网之“蝽”。我的视线上下游走，总是不由自主地被叶子上的几块咬痕吸引住目光，心中隐隐约约觉得其中一块不太对劲。那块奇怪的咬痕，就在靠近叶柄处，并列着三段长短不一的细长条。借助逆光，还能看到虫子啃咬出的锯齿缺口。等等，这咬痕的方向好像不太对呀——虫子大都顺着叶脉的走势啃吃叶肉，长条状咬痕应该跟叶脉大致平行，但是这三条却是垂直的，一般虫子不会这么吃吧？

我掏出手电筒近距离观察，才发现这居然是一只钩蛾！

丽钩蛾

它对自己的伪装充满自信，任我怎么翻动叶片都一动不动。它依靠翅膀上的条纹，模拟出芭蕉叶被虫啃咬的痕迹。那些连接起来的波浪线可谓点睛之笔——有些鳞翅目幼虫啃到叶脉比较硬的地方，就会留下这样的锯齿痕。外围的一圈焦黄色，则是破损残叶失水后的表现。

后来有朋友看了这个照片，说它一定是只“忧郁的蛾子”——破洞部分没有模拟蓝天，而是阴郁的白色天空。我说它不是在模拟镂空了的窟窿，而是想要表现出只是吃掉叶肉、留下半透明表皮的状态。

这真是一只聪明的快乐虫呢！

纱钩蛾
窗钩蛾

# 腐叶螽：全地形的伪装大师

唐志远

腐叶螽生活在树皮上，但想要找到它可就难多了，因为它十分擅长隐蔽，而且数量也比较稀少。我能找到这位“拟态大师”也纯属偶然。

其实，当时我是在找一种裂腹蛛，这种蜘蛛也生活在这些布满苔藓和地衣的树干上，依靠保护色来隐藏自己。裂腹蛛会在树干较高的位置结一种特殊的网，它的网是呈弧度围绕着树干编制的，并不是紧贴着树干，而是和树干保持不到一厘米的高度悬空搭建，显得特别高级。裂腹蛛不好找，就先找一找它的网，我会用强光手电筒贴着树干照射，这样网的反光就很明显了。

当时，我找了半天也没什么收获，正在我快要放弃的时候，偶然看到树干侧面露出两根丝线。我沿着丝线往上照射，并没有看到裂腹蛛的用小方格组成的丝网，就只有那两根丝线，这也太奇怪了！

等等，这丝线看起来还是一节一节的，于是我沿着丝线往下照射——这丝线的主人居然是一只奇怪的螽斯！它简直太像一块小苔藓了，要不是由于丝状触角而暴露，即使近在眼前，也很难发现呢。

对于大多数螽斯来说，超长触角是警报器。你从不同方向靠近，触角始终会指向你的位置，如果你尝试触碰一下触角，螽斯就会像触电一样迅速跳开或者飞走。而腐叶螽显然是对自己的伪装过于自信，我摸了摸它的触角，没反应；我摸了摸它的腿，还是没反应；最后我又用手戳了戳它的肚皮，依然毫无反应。

看着它扁平的身体紧紧贴着树皮，我都怀疑这真是一块形状像螽斯的地衣了。这时候，树干上有一只漂亮的舞蛛路过，我赶紧拿起相机拍摄，等我拍完再看的时候，腐叶螽已经没了踪影，我找了好半天才在边上的一个小树叉上发现了它。这个身体柔软的小家伙，在树干上趴着的时候是把身体展开平铺，而现在在小树枝上，身体居然可以纵向弯曲包裹住枝条，真不愧是适应“全地形”的伪装大师。

腐叶螽是我见过的体形最扁的螽斯，简直就是一个薄片儿。腐叶螽的身体很柔软，它可以铺展开身体平贴在粗树干上，也可以收拢身体包裹在细树枝上，从容适应不同的环境

有只锥头蛛，
你找到了吗

# 一起捉迷藏

每一片丛林都在按照科幻作家刘慈欣提及的“黑暗森林法则”运转：每个生物都是带枪的猎人，像幽灵般潜行于林间，轻轻拨开挡路的树枝，竭力不让脚步发出一点儿声音，连呼吸都必须小心翼翼，他必须小心，因为丛林中到处都有和他一样潜行的猎人，如果他发现了别的生命，能做的只有一件事——开枪消灭之。

好在，我们带着的是照相机，这让生死之争，变成了一场充满乐趣的捉迷藏游戏……

# 瘦盘蛛的隐匿生活

唐志远

在热带雨林里，每棵树都可以成为“找找看”的挑战关卡！

到了热带地区的林子里，我最喜欢的就是盯着树皮看。因为这些树皮绝不像北方树干那样光秃秃的，而是在温热潮湿的气候中长满各类苔藓和地衣。而对于昆虫来说，这些苔藓和地衣就像是小型丛林，它们藏匿其间，伺机捕猎或者躲避天敌。之前也介绍了很多树皮上的“隐身大师”，每次想要找到它们都要费一番工夫呢！但这次，冬天（旱季）在西双版纳热带植物园，我可是过足了玩儿“找找看”的瘾！

旱季里可供拍摄的物种不算多，我干脆拍起全年活动的黄猄蚁。我贴着树干平行移动，拍摄它们忙碌搬运各种猎物的场景。

突然，我感觉托着照相机的左手似乎碰到了什么东西，用眼角余光看过去，一只小虫子“嗖”的一下就没了踪影。虽然留给我的时间很短暂，但是我依然注意到了它的快速移动方式——没有起飞，也没有跳开，而是贴着树皮平行移动。

我放下照相机，慢慢转到树的另一侧，仔细搜寻。我找到了刺蛾的茧、蟑螂的卵荚、白蚁的隧道，还有一只盲蛛和一只跳蛛，可就是没找到那个平移的小家伙。心里正纳闷时，行进的黄猄蚁部队惊扰到了它，它的腿轻微挪了挪位置，这下我终于看清了，原来是一只瘦盘蛛！

*瘦盘蛛，超级扁平的身体可以让它更好地隐藏，同时可以紧贴树皮快速移动*

捕食叶蝉

瘦盘蛛平时就贴着树皮不动弹，它是伏击型猎手，主要捕食一些小虫。虽然它看起来挺大个儿，但其实身体小小的，只是靠八条大长腿撑门面。瘦盘蛛属于巨蟹蛛一类，它应该是这个类群里体形最扁的蜘蛛了。超级扁平的身体上装饰着棕绿色的迷彩花纹，再加上“长腿毛”的加持，它就像是一块来回移动的苔藓。

它对自己的伪装超级自信，即使我靠得很近，它也不在意。如果你用手指轻轻触碰一下它的腿尖，这家伙就会以你看不清的速度瞬间平移到树干的另一侧。

后来我发现几乎每棵粗一点的树上都能找到瘦盘蛛，而且不同颜色的树皮上瘦盘蛛的颜色也有一些差异，非常有趣。希望大家能记住这个有趣的家伙，有机会走进热带雨林时，也和我一样“找找看”，发现瘦盘蛛的隐匿生活。

# 小“坚果”熬夜“上网”

唐志远

夜晚，我在广西弄岗国家级自然保护区周边的一条小路夜拍。虽然弄岗来了不下十次，这条路更是走过无数次了，但每次来还是会有新发现。

这不，刚走了一小段，我就在低矮的灌木上发现了一张网，一只挺大的蜘蛛正趴在网中央等待猎物。我先看到的是它的肚皮，棕灰色的身体没什么特别。我蹲下来想再仔细看看，不料一只小虫被手电筒的光吸引过来，撞在网上。蜘蛛迅速跑过去，就在它出击的一瞬间，小虫却挣脱逃走，蜘蛛扑了个空。但这个角度，让我一下子看清了它的腹部背面（后背）——居然长满了大大小小的锥形尖刺，中间还有个深色的“T”形斑纹。

好怪的蜘蛛，得好好拍拍照！不曾想刚拍没几张，闪光灯支架就不小心碰到了网，怪蛛将八条大长腿一缩，就掉下来了，还好它挂着一根丝线当保险绳。

蜘蛛将自己整个缩成了一个小球，从有刺的那一面看，活像是一个小榴莲。等了半天它也没动静，我就继续去搜寻新目标了。

等我拍摄完回到住处，上网搜索，查到这种蜘蛛原来叫“坚果锥头蛛”。我打开照相机对比图片，才发现它背部“T”形斑纹的颜色有深浅变化，完美地模拟出坚果开裂的视觉效果，真的太神奇了。我决定明早再去好好拍一下这只“坚果”。

这只小“坚果”，就像变形金刚一样，舒展开紧贴在一起的头部和腹部，再打开折叠起来的八条腿，恢复了正常蜘蛛的形态

第二天吃过早饭，我迫不及待地来到昨晚故地。可惜只剩下一张空网，难道蜘蛛被我吓得弃网而逃了？我蹲下来仔细搜寻，这时才发现周围这一片，全都是一种叫“地桃花”的小灌木，很多干枝上都挂着已经干透开裂的种子。坚果锥头蛛模拟的不就是这个吗？

这回搜索范围一下缩小了。不一会儿，我就在这些种子上找到好几只大小不同的“坚果”。看来它们白天就缩在种子边上躲藏，到晚上才回到网上捕猎。毕竟大白天的，一个“坚果”挂在网上也太明显了。

当假坚果和真坚果贴在一起的时候，确实真假难辨

缩成一团的坚果锥头蛛总是把头部藏在最下面，小脑袋看起来还挺滑稽的

锥头蛛是一类以拟态著称的蜘蛛，这个属中除了刚刚介绍的坚果锥头蛛，还有模拟发芽果实的芽锥头蛛和锈锥头蛛、模拟秃树枝的淡黑锥头蛛……枯叶锥头蛛（*Poltys idae*）则是以模拟叶柄和残叶而著称。

它们在我国广东、海南、云南、台湾的林中生活，体长 18~20 毫米，腹部前端突起细长像叶柄，从背面看像是半截的叶片。

# 盯着破洞看，你就输了

唐志远

“这也太好找了吧？一片脏兮兮的破叶子上，有一只甲虫和一只蜂。”

“再仔细看看，擅长隐藏的小动物，怎么可能这么容易就被识破呢？”

“哦，我看出来了！原来是一只蜂和一只甲虫！”

以上是我和一位视力超群的朋友的对话。

其实，我在野外刚看到这片叶子的时候，也跟这位朋友一样，只看到了甲虫和蜂。当时，甲虫正顺着叶子边缘爬动，慢慢靠近趴在“鸟粪”上的小胡蜂。小胡蜂可是昆虫世界里的狠角色，谁都不敢惹它。我预感到这片叶子上即将发生一场恶战，于是停下来静静地观察着。

甲虫几乎贴着小胡蜂身边爬过，距离如此之近，小胡蜂竟然连动都没动！奇怪，小胡蜂今天怎么这么胆小呢？

带着疑问，我又仔细看了看，猛然发现小胡蜂的姿态有点奇怪：它弓着身子，触角也耷拉着。我正在纳闷时，那坨“鸟粪”突然动了一下。我看到“鸟粪”上的小眼睛，吓了一跳——这才发现，原来小胡蜂已经死了，它的腹部正被一只“矛瘤蟹蛛”紧紧地咬着。

矛瘤蟹蛛在捕食

矛瘤蟹蛛很擅长模拟鸟粪。它总是缩起八条腿趴在叶子正面，等待猎物。毕竟真正的鸟粪不可能出现在叶子背面。矛瘤蟹蛛的体色是绿底白条纹，像极了鸟粪。仅仅这样还不够完美，因此它会在身下织一个白色的厚丝垫，从上往下看，它身上的白条纹与丝垫融为一体，而身体的绿色部分，就像是滴落的一摊鸟粪中较为稀薄的部分，透出叶片的底色。它还会在丝垫周围粘一些凌乱的丝线，干扰捕食者或猎物的视线，这样也能使鸟粪的体积看起来更大。

虽然我没看到小胡蜂被捉住的过程，但根据我以往对蟹蛛的了解，也能想象个大概：当小胡蜂靠得足够近时，矛瘤蟹蛛会用最前面两对比较长的足扑住猎物，毒牙一下咬住小胡蜂头颈处最脆弱的地方，注入毒液和消化液；等猎物不再动弹，它就像杂技中的蹬缸那样，用足和附肢把小胡蜂转个个儿，毕竟肚子吃起来更肥美多汁呢。

矛瘤蟹蛛可以完美地模拟鸟粪，只有压低视角从正面看，“鸟粪”才会现出原形

# 深山潭底叶飘零

谢伟亮

滇南疣螈是一种体色鲜丽的蝾螈，与我们的主角的低调形成巨大反差

“翻过这个坡就到了！”向导已经第三次这么说了。我现在确认他说的是一个反问句！

肩膀、腰椎、膝盖和小腿很早就传来一阵阵强烈的抗议，它们明显都撑不住了。我只得停下来休息，耳朵里只剩自己大口喘气的声音。两个小时前，向导为了能早点回家吃午饭，特意给我挑了一条去找广西瘰（luǒ）螈的“捷径”：需要上上下下许多道大斜坡，满坡都是蓬松且总是让脚下打滑的落叶。

终于到目的地了，向导熟悉得就像到了自己家，坐在溪边用手随便往水坑里一指：“这里头肯定有！”

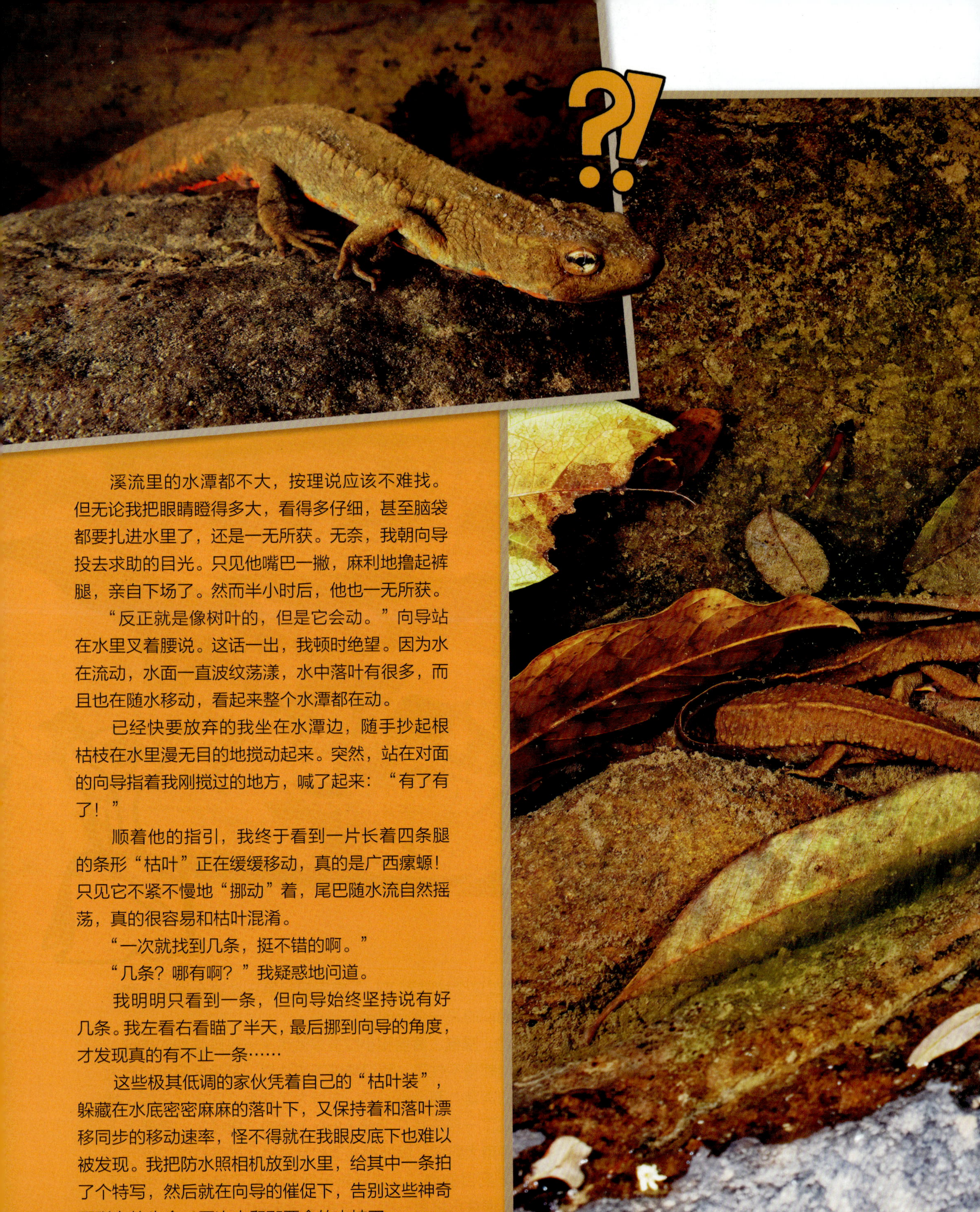


溪流里的水潭都不大，按理说应该不难找。但无论我把眼睛瞪得多大，看得多仔细，甚至脑袋都要扎进水里了，还是一无所获。无奈，我朝向导投去求助的目光。只见他嘴巴一撇，麻利地撸起裤腿，亲自下场了。然而半小时后，他也一无所获。

“反正就是像树叶的，但是它会动。”向导站在水里叉着腰说。这话一出，我顿时绝望。因为水在流动，水面一直波纹荡漾，水中落叶有很多，而且也在随水移动，看起来整个水潭都在动。

已经快要放弃的我坐在水潭边，随手抄起根枯枝在水里漫无目的地搅动起来。突然，站在对面的向导指着我刚搅过的地方，喊了起来：“有了有了！”

顺着他的指引，我终于看到一片长着四条腿的条形“枯叶”正在缓缓移动，真的是广西瘰螈！只见它不紧不慢地“挪动”着，尾巴随水流自然摇荡，真的很容易和枯叶混淆。

“一次就找到几条，挺不错的啊。”

“几条？哪有啊？”我疑惑地问道。

我明明只看到一条，但向导始终坚持说有好几条。我左看右看瞄了半天，最后挪到向导的角度，才发现真的有不止一条……

这些极其低调的家伙凭着自己的“枯叶装”，躲藏在水底密密麻麻的落叶下，又保持着和落叶漂移同步的移动速率，怪不得就在我眼皮底下也难以被发现。我把防水照相机放到水里，给其中一条拍了个特写，然后就在向导的催促下，告别这些神奇而稀有的生命，再次去爬那要命的山坡了……

图中有三条广西瘰螈，
找一找它们在哪里吧

# 小弧斑"隐身"蛙

谢伟亮

如果某天晚上，你在林子里或者水塘边看到这么一个人，只见他缓慢地五体投地，双手前伸，或曲或直，一会儿又缓慢地收起身体，然后重复以上动作很多遍，直到最后瘫在地上，喘得像个刚跑完两千米的胖子——请你千万别害怕，他不是鬼，也不是神经病，更没有在“磕头”，他只是在找角度拍蛙！

曾经我也以为拍照根本不需要这么夸张，直到我在海南的雨林里被一只蛙“教做人”。当时天正黑，我在林子里漫无目的地寻找拍摄对象，刚走不久，远远就听到了一阵蛙叫声传来——“嘎、嘎”，缓慢而清晰。我循声走到一处水边土坡，并且很快确定叫声就从这里传出来，我想只要来个“听声辨位夹苍蝇”，应该很容易就能找到叫声的主人。但土坡上满是枯枝落叶，任凭我拿着手电筒怎么找，就是无法找到这只蛙。

而随着时间的流逝，响亮且节奏一致的蛙声听得太久，神奇的事情发生了——我的听觉竟然渐渐麻木起来，刚刚听到蛙叫确实是从眼前落叶堆传出的，恍惚中叫声竟又变成是在树上发出的，这就像是中了动画片《火影忍者》里的蛙鸣幻术一般魔幻。视觉受限，听觉受扰，我就这样不断地确认声源，又不断推翻自己的判断，变成了一只无头苍蝇，到处乱找。

就这样找了快一个小时，我终于把搜索的区域锁定在一张电脑桌大小的范围里，我把手电筒的光调到最暗，安静等待。果然，功夫不负有心人，只见一片“树叶”突然动了一下，蛙叫声也同时传来。

“原来你在这里！”终于找到蛙的我心中爆出一声喊叫！我使劲平复内心，小心翼翼地拿着照相机拍照。为了不惊扰这只得来不易的蛙，我用尽了各种伏地的姿势，才把它鸣叫的照片拍了下来。

仔细鉴别后，我认出这是姬蛙科姬蛙属的小弧斑姬蛙。这种蛙身体呈三角形，通体棕黄色，身上只有少数的斑纹，皮肤相对光滑，背部一条中脊线，线的前段有一对或者两对黑色的弧形斑纹，像括号一样对称镶嵌着，这就是它名字的由来。

小弧斑姬蛙虽然个头还没有成年人的拇指大，叫声却非常响亮，但它们完全不担心叫声会暴露自己，因为它们不但身形、颜色长得像落叶，易于隐藏，更绝的是它们自己也非常喜欢躲藏，通常都是在极隐蔽的位置鸣叫。

这不，现在就有一只小弧斑姬蛙在唱着歌，你能找到它吗？

# 爱好者天地

在四亿年前的泥盆纪，第一批真正意义上的昆虫，在刚刚发展起来的陆地生态系统中出现了。无论我们年龄几何，在这个古老而充满吸引力的种族面前，都是一群充满好奇心和求知欲的孩子，用文字、相机和画笔记录着我们在一起发现昆虫时的各种收获，分享给和我们一样的孩子们……

# 外骨骼纪元——回首计划

王碧璟　韩司宇

田博士反复看着放慢速度的监控回放。

一屋子人都盯着张利民看，韩羽峰咽了口唾沫，又看了看弟弟韩羽隆，只见韩羽隆还在思考着，脸上看不出一点儿紧张的情绪。

此时的张利民右手依旧保持着出拳的姿势，甲虫般的“外壳”覆盖着全身，僵硬地站在房间中。张利民看着面前那个一直盯着自己看的瘦削男人，心里想：这张没有血色的脸，两个黑眼圈衬得眼睛都没了光泽，高高的颧骨搭配着干瘪的嘴巴，要是昨晚看清楚了，真得吓一跳。

欧阳诚的眼睛紧紧盯着张利民，脸上虽然没有表情，但此刻内心却早已无法平静：“这种感觉太美妙了！一个孩子，竟直接实现了完全态变化，整个过程如此流畅自然。这是天赐的机会，难得，太难得了……必须想办法把他们都留在这里！谁知道下次还会有什么奇迹出现……”随即，他的嘴角浮现一抹期待的浅笑。

“这是葡萄糖，喝吧。”赵鑫走过来，递给张利民一个透明塑料袋，上面有一小截封着口的软管，“掰一下软管就能喝了。”

看着一动不动、姿势僵硬的张利民，赵鑫笑着柔声说：“孩子，你可以把右手放下来了，不用一直举着。”

“这壳，我还需要‘穿’多久？”张利民也被突然出现的“外壳”吓到了，现在看到极可能知道自己情况的大人来了，紧张的心终于放松了，一口气喝完了袋子里的水。

“大概还需要等两分钟。”赵鑫看了一眼手表，在欧阳诚的旁边坐了下来，目光中的关切与担心交织在一起。

两分钟后，张利民身上的“外壳”开始一块块脱落：首先是从手肘和膝盖的部分向下，连同手、脚完成分离，接着是肩甲、胸甲开始分裂脱落，最后是头盔等部分前后分离，落在地上。大家看到张利民的外骨骼成功脱落，都松了一口气。

“融合度很高，经确认是几丁质……”田博士的声音响起。

“鸡丁？”徐垚的声音不大。

“孩子，你说什么？”田博士抬起头，语气温和地看向徐垚问道。

“您刚才说了鸡丁，有宫保鸡丁吃吗？我肚子饿了。”徐垚认真地说。

“是几丁，徐哥，几丁质。”韩羽隆解释道。

“小朋友，你知道‘几丁质’？”田博士露出惊讶的神情，看向眼前这个只有八九岁的小男孩。

“嗯，我知道。”韩羽隆一点儿也不胆怯，点点头接着说，“博士，您的意思是……利民哥身上冒出来的东西是几丁质外骨骼吗？”

田博士微笑着点了点头，肯定了韩羽隆的猜测。外骨骼是一种坚硬的外部结构，能够对生物柔软的内部器官进行构型和保护。节肢动物体表的坚韧结构就是几丁质外骨骼，它还有防止体内水分大量蒸发的作用。

“往这儿看，能明显看出是犀金龟外骨骼的构造特征。”田博士指了指会议桌上的悬屏，屏幕中央是被局部放大的监控画面，接着说道，“这里是雄虫前胸背板的强大角突……”

听田博士讲着，韩羽峰看了看被安排坐在田博士身边的张利民，他此时状态很好，倒像是什么都没发生过一样。

“孩子，现在感觉怎么样了？”田博士看着张利民说，“你能详细说一下当时的感受吗？”

“当时……我越看屋子里的白色越觉得恐怖，感觉全身热得厉害，这里，还有这里……”张利民摸了摸自己的后脖颈、手肘，接着说道，“这些地方开始变硬，但也感觉不到疼。然后我就不知道怎么了，再然后就看到门坏了。”

“监测显示，这个孩子在那一瞬间，心跳加快，肾上腺素激增，血糖、血压升高。”欧阳诚不带感情地念着。

田博士轻轻拍了拍张利民的肩膀。

“博士，这么说利民哥就是身上又长出了外骨骼吗？”韩羽隆的表情很专注。

“小朋友，你说得对。”田博士推了推鼻梁上的眼镜，说，“和我们人体的内骨骼不同，简单说，节肢动物的‘骨骼’在体表。这些覆盖在体表的坚硬体壁由三部分组成：表皮细胞层、基膜和角质层。表皮细胞层由一层活细胞组成，它向内分泌形成一层薄膜，就是基膜，向外则分泌形成较厚的角质层。角质主要由几丁质和蛋白质组成，几丁质为含氮的多糖类化合物，也就是外骨骼的主要成分。此外，甲壳动物的外骨骼中还含有大量钙质，比如虾，而昆虫的却几乎没有。”

韩羽隆若有所思地说道：“乙酰葡萄糖胺。”

田博士看着韩羽隆，脸上写满对这个孩子的喜爱。

“这太不可思议了！田博士，我建议在基地对他们进行全天候的数据监测！这是没有人做过的研究，哪怕只有一丁点的发现，也会是迄今为止的巨大突破。”欧阳诚亢奋地发表着自己的言论。

“插管子那种？”徐垚瞪大眼睛，喊了出来。

韩羽峰也露出了惊恐的表情，他们一行四个人还是孩子，无论是从数量上还是体格上，怎么看都抵抗不了这一群大人。

“欧阳博士，请你冷静。”是赵鑫的声音。

“难道你不兴奋吗？”欧阳诚反问道，紧紧握住的手上青筋暴起。

“他们还是孩子。”

“孩子怎么了！”欧阳诚的情绪因为过度激动而失控，“填补一项科学空白，这是多么伟大的事业！付出在所难免，我们就是要有为科学献身的精神！”他握紧的手重重砸在了桌子上！

赵鑫反驳道：“你说得对，但这是我们成年人的事！”

田博士急忙劝说道：“你们都不要激动，也不要着急。科学，还需要冷静的头脑。我想是时候让孩子们知道事情的来龙去脉了！”

那时还是二十世纪五十年代初，百业待兴，由当时国内首屈一指的生物学教授田治中带领的一支科研队伍，在一个不为人知的地方秘密开启了代号“回首计划”的绝密研究。这位著名的田教授就是田博士的祖父。

4

田博士说：“据我祖父后来回忆说，那时，各国都把生物学作为技术思想、设计原理和创造发明的源泉。他们希望能通过研究，了解自然界生物体的结构与功能，根据其工作原理发明新的设备，壮大我们的国防力量。”

徐垚说：“我知道，这个叫仿生学。”

“就比如雷达学的是蝙蝠，飞机学的是鸟，潜艇学的是鱼。”张利民接着说。

孩子们对科学有浓厚的兴趣，这令田博士感到很欣慰：“你们说的都很对。‘回首计划’中的研究人员在艰苦的条件中，凭着对国家的忠诚，对科学的热爱，以及对技术的渴望，对各类生物展开了结构、功能、能量转换、信息传递等方面的优异特征的研究。他们利用生物学知识，改善已有的技术工程设备，创造新的工艺和技术装置，为国家各领域的发展与进步做出了突出贡献。”

“您喝点水。”赵鑫关心地递上水杯。

田博士抿了一口茶，继续说道：“你们一定很奇怪，为什么现如今我们要藏身在这个山洞里吧？”

孩子们纷纷点头。

“到了上世纪末，各国在理论和技术制造层面上都取得了巨大进步，国防能力也都达到了前所未有的新高度。在这样的国际军事大环境下，拥有更强的单兵作战能力或许会成为未来制胜的关键。因此，为了国防安全需要，‘回首计划’在这里沿袭至今。”田博士微笑地看着大家。

## 5

“博士，我有个问题：为什么利民哥会拥有几丁质，身上能‘长出’外骨骼呢？”韩羽隆问道。这个问题自从看到张利民变化的那一刻起，就一直徘徊在韩羽隆的脑海里，任凭他怎么思考也想不出答案。

“这是因为你们意外吸入的那种紫色气体——几丁脱氧核苷酸催化剂，它是我们十几年来最核心的研究成果。”田博士扶了扶眼镜，说，“孩子们，你们知道‘碳基生物’这个概念吗？”

碳基生物是指以碳元素为有机物质基础的生物。在构成碳基生物的氨基酸中，连接氨基与羧基的是碳元素，所以称作碳基生物。地球上已知的所有生物都属于碳基生物，包括我们人类。由于碳原子的独特结构，以碳为骨架，能够形成复杂多样的高分子有机物。

韩羽隆有了新的疑问：“您的意思是说利民哥在催化剂的作用下，产生了基因变异？”

“严格意义来说，不是变异。”田博士笑了笑，“经过长期的研究，几丁脱氧核苷酸催化剂进入人体后，能在极少数特定条件下激活基因中的外骨骼序列，生成如昆虫外壳一般的坚硬物质，短时间覆盖体表，实现个体力量、防御、信息传递等方面能力的大幅提升。目前作用于成年人的成功率不足百分之一。”

韩羽隆又一次提出疑惑：“只要是生命形态，就必须利用从环境中收集和储存的能量。所以利民哥的‘外壳’是从他体内获得能量而产生的吗？”

田博士的眼中流露出赞赏：“太对了！碳基生物储存能量的最基本的化合物是碳水化合物。已有的研究结果表明，形成外骨骼时会从人体内吸收糖分作为能量来源，不会对人体造成伤害。当然，需要及时补充糖分，否则会出现低血糖的症状。”

## 6

田博士将杯子里的茶一饮而尽，看着四个孩子，稍作犹豫后说道：“根据刚才监测到的数据，其实你们三个人也出现了一定程度的反应。”

听到田博士的话，他们几个互相看了看，脸上都没有震惊或者意外的表情，或许是因为今晚听到了太多令人惊讶的消息，也或许是在听到吸入紫色气体后，心里已经有所猜测。

无论如何，看着四个孩子都能接受这个消息，赵鑫心里还是松了口气。他在悬屏上调出了的四张波形图。

“显示‘完成’的那条绿直线肯定是张利民的。”徐垚只看了一眼就肯定地说道。

“这不明摆着嘛。”张利民撇了撇嘴说。

“哪条是我的？”韩羽峰站了起来，来到悬屏前。

屏幕中有两张图像的红线与绿线同时剧烈波动，有相交却始终不能重合。“这两张剧烈波动的是你们俩的，而这张……是他的。”赵鑫指了指年龄最小的韩羽隆，又指向一张图像，图中只有一条绿线，不是直的，但在平稳规律地波动着。

韩羽峰看向弟弟，神情复杂。

“这是说，我也能跟张利民似的……”徐垚有些兴奋地向前挥了一记直拳。

“孩子们，我必须郑重地告诉你们：从数据上看，几丁脱氧核苷酸催化剂已经激活了你们基因中的外骨骼序列。但有一点请大家放心，这不会危害你们的生命和健康。如果能学会控制这项能力，你们完全可以照常生活。”田博士说。

“当然这需要你们接受数据实时监测，并参与一些必要的研究训练。现在我正式邀请你们加入‘回首计划’！”田博士用和蔼的目光看着孩子们。

“太棒了，这听起来就很酷！”张利民和徐垚异口同声地说道。

“我愿意！”韩羽峰语气坚决。

韩羽隆之前还有些犹豫不决，此时看到哥哥同意，随后也用力点了点头。

田博士与赵鑫相视而笑。欧阳诚凝视着面前的水杯，嘴角微微露出一丝笑容。

# 我的螳螂日记

北京市房山区昊天外国语学校　刘蕴灵

1

今天晚上，妈妈给我带回来两只小丽眼斑螳，我给它取名叫“小作文”和“小篮球”。“小作文”比“小篮球”大一点儿。“小篮球”有一个非常好玩的故事：它想抓一只果蝇吃，结果它太笨了，我观察到它用了一中午时间，换了好几个姿势和地方，想尽各种办法，最后也没抓到，哈哈哈！

2

今天，我非常伤心，因为妈妈把两只螳螂和果蝇放在了阳台，却忘了拿回来。这就导致“小篮球”和大部分果蝇都被晒死了，“小作文”和少部分果蝇还是在我和妈妈的抢救下才活了过来。但是我想这还不够，于是，我要求妈妈写了份检讨书，妈妈对此也很懊悔。

**妈妈的检讨书**

因个人不慎，加之缺乏饲养常识，导致“小篮球”及大部分果蝇在阳台上被晒死了，本人对此深表懊悔，并在心中深刻检讨自己的行为，保证今后不再犯类似错误。

**3**

自从“小篮球”死后，“小作文”没多久也不在了。后来，有一天晚上，妈妈又带回来一只丽眼斑螳。我给它起名叫“小松果”。

每一次给它喂食喂水，我都心惊胆战，怕一个不小心又把它“送走”了。

就在前天早上，我正在吃早饭，妈妈突然叫道：“看！‘小松果’羽化了！”这几个字对我来说，简直是“爆炸性新闻”！我嘴里的面条都忘了嚼，直接就吞了下去。我赶紧扔下筷子，跑到它面前，想看个究竟。

只见它比蜕皮之前大了一圈，身后也长出了一对绿莹莹的翅膀，翅膀上还有一双眼睛样子的斑纹。外面一圈黑黑的“眼眶”，里面有一个小小的、黑黑的“眼珠”。“眼珠”周围是一圈漂亮的淡粉色，粉色下方有一条蓝紫色的条纹，边上还带一点米黄色，就像一片绚丽的彩霞。它还有一对长长的触须，就像孙悟空头上的雉鸡翎，漂亮又威风。

看着羽化后的“小松果”，我开心极了。

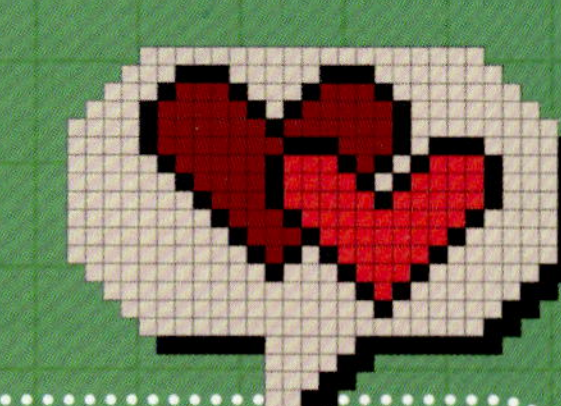

**4**

今天中午吃饭前，我去看“小松果”，发现它正在舔触须。只见它的触须像安了开关键一样，自动降了180度，但还是够不着。于是，它又用右边的大钳子把触须扒拉进了嘴里，然后像自动马达一样，开始不停地舔触须。正在我仔细观察它的时候，姥爷突然说道：“吃饭了。”吓得我一下子蹦了起来。

等我吃完饭，发现它还在舔它那念珠一样的触须。妈妈给它拍了视频，我给视频加了几句话：“开始过滤触须，母的就让自己变得更美丽，公的就让自己变得更帅气！”哈哈哈，太好玩儿了！

# 封面的选择

这次的主题是隐藏，介绍了腐叶螽、钩蛾、海南角螳、竹节虫、枯叶蛱蝶等练就一身隐藏技能的昆虫。那么问题来了，如果用一只隐藏得很好的昆虫做封面，万一大家找不到“主角”可怎么办？于是我们改为选择有隐藏技能的昆虫特写，它还得漂亮、有特色。

这时候，我重点推荐了叶䗛，一类长得像叶子的好看的“竹节虫”，隐藏能力超级强。我们摄影师每次去野外拍摄时，都会特意寻找并拍摄它们。由此可见它受欢迎的程度了。

但是，同事提出了不同意见：“叶䗛，是不是太常见了？”

我猜是因为她看了很多不同种类的叶䗛照片，而叶䗛富有特色的长相，让人过目不忘，所以在众多昆虫中，她牢牢地记住了叶䗛，于是就有了这种理解偏差。

除了叶䗛，进入封面主角“决赛圈”的还有两个热门物种：穹翠凤蝶幼虫和锥头蛛。

我对此只有一句评价：“就这？！”

因为在我看来，很多凤蝶的幼虫都会“抬头吐舌头拟态蛇”这个技能，或许很多读者曾在野外观察过它，要说普通常见，凤蝶幼虫才是呀！而另一只锥头蛛，虽然小眼睛看上去萌萌的，但那八条大长腿就说明它压根儿不是昆虫呀！

我的叶䗛也太冤了……

后来，我找来了“外援”，希望能收集一些读者的意见，让大家给叶䗛投上一票。

但是，最后的结果嘛，如你所见……